Exploremos Rusia

por Walt K. Moon

BUMBA BOOKS™
en español

EDICIONES LERNER ◆ MINNEAPOLIS

Nota para los educadores:

En todo este libro, usted encontrará preguntas de reflexión crítica. Estas pueden usarse para involucrar a los jóvenes lectores a pensar de forma crítica sobre un tema y a usar el texto y las fotos para ello.

Traducción al español: copyright © 2018 por ediciones Lerner
Título original: *Let's Explore Russia*
Texto: copyright © 2018 por Lerner Publishing Group, Inc.

La traducción al español fue realizada por Annette Granat.

ediciones Lerner
Una división de Lerner Publishing Group, Inc.
241 First Avenue North
Mineápolis, MN 55401, EE. UU.

Si desea averiguar acerca de niveles de lectura y para obtener más información, favor consultar este título en www.lernerbooks.com

Library of Congress Cataloging-in-Publication Data

Names: Moon, Walt K., author.
Title: Exploremos Rusia / por Walt K. Moon.
Description: Minneapolis : Ediciones Lerner, [2017] | Series: Bumba books en español—Exploremos países | Includes bibliographical references and index. | Audience: Ages 4–7. | Audience: Grades K–3.
Identifiers: LCCN 2016042722 (print) | LCCN2016043755 (ebook) | ISBN 9781512441253 (library binding : alk. paper) | ISBN 9781512454062 (pbk. : alk. paper) | ISBN 9781512449860 (eb pdf)
Subjects: LCSH: Russia—Juvenile literature.
Classification: LCC DK510.23 .M6618 2017 (print) | LCC DK510.23 (ebook) | DDC 947—dc23

LC record available at https://lccn.loc.gov/2016042722

Fabricado en los Estados Unidos de América
1– CG – 7/15/17

LERNER e SOURCE

Expand learning beyond the printed book. Download free, complementary educational resources for this book from our website, www.lerneresource.com.

Tabla de contenido

Una visita a Rusia

Una parte de Rusia

está en Europa.

Otra parte está en Asia.

Es el país más grande.

Millones de personas

viven ahí.

Rusia tiene áreas frías.

A estas áreas se les llama tundra.

Pocos árboles crecen en la tundra.

¿Por qué piensas que pocos árboles crecen en la tundra?

En la tundra viven zorros.

En el cielo vuelan búhos nivales.

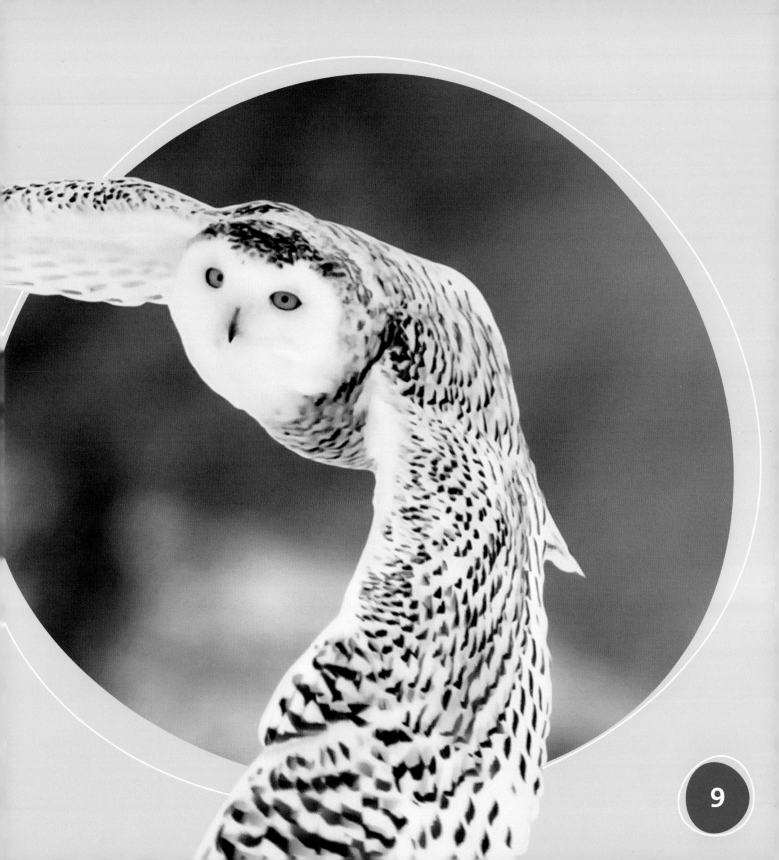

Rusia tiene bosques grandes.

Muchos osos viven en ellos.

La mayoría de las ciudades grandes

están en el oeste.

Moscú es la ciudad más grande.

Poca gente vive en el este.

Mucha gente viajan a Rusia.

Visitan museos.

Ven iglesias famosas.

¿Qué piensas que la gente ve en los museos?

Mucha gente rusa toma borscht.

El borscht es una sopa hecha

de remolacha.

La gente también hornea.

Ellos hornean pan y pasteles.

borscht

¿Por qué piensas que el bandy es popular en Rusia?

Los juegos son
populares en Rusia.
Mucha gente juega
al ajedrez.
La gente también juega
al bandy.
Este deporte es parecido
al hockey sobre hielo.

Rusia es un país bonito.

Hay muchas cosas para ver.

¿Te gustaría visitar Rusia?

Mapa de Rusia

océanos

tundra

Rusia

bosques

Moscú

Glosario de las fotografías

ajedrez

un juego popular que se juega entre dos jugadores y en el que se usa un tablero y piezas movibles

borscht

una sopa hecha de remolacha

museos

lugares donde se muestran arte y objetos del pasado

tundra

áreas frías con tierra congelada y pocos árboles

Leer más

Kabakov, Vladimir. *R Is for Russia*. London: Frances Lincoln Children's Books, 2013.

King, Dedie. *I See the Sun in Russia*. Hardwick, MA: Satya House Publications, 2014.

York, M. J. *Learn Russian Words*. Mankato, MN: Child's World, 2015.

Índice

Crédito fotográfico

Las fotografías en este libro se han usado con la autorización de: © Yury Dmitrienko/Shutterstock.com, pp. 4–5; © Gregory A. Pozhvanov/Shutterstock.com, pp. 6, 23 (esquina inferior derecha); © FotoRequest/Shutterstock.com, pp. 8–9; © ArCaLu/Shutterstock.com, pp. 10–11; © Devin_Pavel/Shutterstock.com, p. 13; © Reidl/Shutterstock.com, p. 14; © Timolina/Shutterstock.com, pp. 17, 23 (esquina superior izquierda); © Ideas_Studio/iStock.com, pp. 18–19; © YURY TARANIK/Shutterstock.com, p. 21; © Red Line Editorial, p. 22; © Illustration Forest/Shutterstock.com, p. 23 (esquina superior derecha); © Popova Valeriya/Shutterstock.com, p. 23 (esquina inferior izquierda).

Portada: © zoom-zoom/iStock.com.